O HINO DE JESUS

Um Rito Gnóstico

O HINO DE JESUS
Um Rito Gnóstico
G. R. S. Mead

TRADUTOR
MARCOS IANKILEVICH

REVISÃO TÉCNICA
JANE DULLIUS

EDITORA TEOSÓFICA

Título do original

The Hymn of Jesus

Edição em Inglês, 1973

A Quest Book - The Theosophical Publishing House

Wheaton, Illinois (USA) - Madras (Índia) - London (England)

Edição em Português, 1994

Editora Teosófica S/C

APRESENTAÇÃO: ALBERTO BRUM
CAPA: FERNANDO LOPES
EDITORAÇÃO/DIAGRAMAÇÃO: JOÃO BATISTA MARTINS DA SILVA
EQUIPE DE REVISÃO: ÍSIS MARIA BORGES DE RESENDE, REGINA VITÓRIA RUZZANTE e ZENEIDA CEREJA DA SILVA.

SUMÁRIO

Apresentação 7

Introdução 13

O Hino 33

Comentários ao Hino 41

Bibliografia 85

APRESENTAÇÃO

Fiat Lux!

Faça-se a Luz, pois já é tempo da linhagem interna, ligada ao Mestre Jesus, ser mais conhecida, estudada e divulgada. Os tempos são propícios para uma nova revelação - um redespertar daquilo que foi esquecido.

Desde o final do século XIX, durante todo o século XX e especialmente nas últimas décadas estão surgindo inúmeros textos que nos dão nova luz sobre as origens do Cristianismo. A partir de 1945, com a descoberta das obras gnósticas no Egito, na região de Nag Hammadi, vem ocorrendo uma grande tendência no sentido de revermos os ensinamentos mais primitivos da genuína tradição cristã.

É uma necessidade vital de nossos tempos. Ao final da "Era de Peixes", é preciso que a mensagem original volte a ser conhecida por todas aquelas almas que sentem um impulso interno que as faz buscar uma maior sintonia com os ensinamentos do Senhor Jesus, o Nazareno, o *Christos.*

O autor deste livro, George R.S. Mead, viveu em Londres entre o final do século XIX e as primeiras décadas do século XX. Foi um teósofo atuante, um dos colaboradores e secretário particular de H.P. Blavatsky, durante o período em que ela, vivendo na Inglaterra, constituiu um grupo privado entre 1887 e 1891. Dois dias antes de sua morte, a instrutora e amiga recomendou-lhe que se dedicasse ao estudo e à pesquisa na área do Gnosticismo - sem dúvida ela reconheceu no jovem e entusiasmado estudante uma 'alma gnóstica'. Sugeriu que ele preparasse obras sobre as escolas gnósticas e traduzisse textos, que seriam úteis para os estudantes do século XX, quando fossem descobertas inúmeras obras dos 'cristãos originais' - os Gnósticos Ophitas.

Assim, G.R.S. Mead dedicou-se ao estudo da *GNOSIS* - a percepção direta daquilo que é. *Gnosis* não é 'conhecimento' no seu sentido usual. É uma conexão com o Real, um processo vivo e uma alquimia da mente - uma "*Gnosis* do Coração". E, como disse Blavatsky, a *Gnosis* é um eco da Religião-Sabedoria.

Por outro lado, "*Gnósticos*" é a corrente filosófica que surgiu a partir do núcleo interno dos primeiros discípulos de Jesus. Quando ele retirou-se da Fraternidade dos Essênios, constituiu um grupo de buscadores da Sabedoria (a *Gnosis*). Também foram conhecidos como "Ophitas". *Ophis* significa "Serpente" - o símbolo da Sabedoria. E como temos no *Evangelho de Tomé,* uma das obras encontradas no Egito, Jesus recomendava: "Sêde sábios como as Serpentes e mansos como as pombas".

Essa forte e inspirada corrente - que tem elos com a filosofia grega, a tradição dos Nazarenos e a sabedoria dos Caldeus - difundiu-se especialmente no Egito e na Síria. Mas, a partir do final do século II d.C., a Igreja Romana entrou em choque com os Gnósticos, na tentativa de abafar as correntes primitivas. No entanto, esta nobre filosofia sobreviveu entre comunidades reservadas, como os Maniqueus, Cátaros e Templários - grupos que, na visão do poder oficial, foram chamados de "heréticos".

Mead foi o editor de revistas teosóficas, tradutor do *Corpus Hermeticum* (os textos de Hermes Trismegistos), estudou Línguas e Filosofia em Oxford. Reconhecido como um dos maiores *scholars* ingleses por sua habilidade na pesquisa. Em 1909 criou uma importante revista em Londres, chamada *The Quest* (A Busca), o órgão da *Quest Society*, da qual era o presidente. Publicou inúmeras obras, entre as quais:

- *Simão, o Mago* (um dos primeiros gnósticos).
- *Pistis Sophia* (a tradução do tratado dos Ophitas. Em 1925, publicou uma edição revisada desta obra fundamental dos Gnósticos).
- *Fragmentos de uma Fé Esquecida* (importante obra sobre os Gnósticos).
- *Apolônio de Tyana* (sábio que inspirou as comunidades primitivas e levou São Paulo para uma comunidade Essênia).

- *Viveu Jesus 100 anos a.C.?* (um estudo sobre o Jesus "histórico" a partir do *Talmud*).
- *O Gnóstico João Batista* (sobre a tradição dos Mandeanos, os "cristãos" de São João).

O Hino de Jesus faz parte de uma coleção de pequenas obras gnósticas, que formam os "Ecos da *Gnosis*", onde também estão incluídos os *Hinos de Hermes*, os *Oráculos Caldeus*, os *Mistérios Mitraicos*, *A Crucificação Gnóstica* e *A Gnosis da Mente*.

O conteúdo central do *Hino de Jesus* é um Rito dos Mistérios de Jesus, que faz parte dos *Atos de João* reunidos e publicados por Leucius (ou Leucis) - que foi um discípulo de Menander, o autor do "Quarto Evangelho" original. E Menander, um dos Ophitas, foi o sucessor de Simão, o Mago. O *Hino* está junto com um pequeno texto sobre a "Cruz de Luz", também dos *Atos de João*. Leucius também editou os *Atos* de André, Pedro, Felipe e Tomé (que contém o "Hino do Manto de Glória").

Como Mead nos mostra, em seus elucidativos comentários, o *Hino* é uma cerimônia mística, tendo Jesus por Hierofante e os discípulos como co-oficiantes. Formam um círculo e realizam uma "dança", invocando as forças cósmicas.

Este texto precioso era, sem dúvida, um dos primeiros ritos da tradição cristã. Sua importância é grande, por nos auxiliar a vislumbrar como eram as instruções privadas que vieram daquele que é "a chama da *Gnosis*": Jesus, o "Vivo".

INTRODUÇÃO

Da mesma forma que muitas outras colocações dos "Ditos e Feitos do Senhor" [Logia] existiram anterior e paralelamente aos Evangelhos canônicos, assim também existiram, anterior e paralelamente (ou selecionados subseqüentemente) como Atos canônicos, numerosas outras narrativas pretendendo registrar os ensinamentos dos apóstolos e discípulos do Senhor.

A maioria delas teve origem em círculos, posteriormente chamados heréticos; e muitas foram mais tarde trabalhadas por editores ortodoxos para que se ajustassem a preconceitos doutrinários e, assim, se preservaram para a edificação de um grande número de Igrejas Católicas e outras.

Como afirma R.A. Lipsius (1883):

> Quase todos os editores recentes de tais narrativas, usando daquela liberdade que toda a antigüidade an-

siava por permitir-se no trato dos monumentos literários, reformulavam os materiais que tinham diante de si, excluindo tudo o que pudesse não corresponder ao seu ponto de vista teológico - afirmações dogmáticas, por exemplo, discursos, orações etc. - que foram substituídos por outras fórmulas de sua própria autoria e, além disso, assim expandindo e resumindo a seu bel prazer ou com o objetivo imediato do que tivessem em vista afirmar.

Alguns deles editaram e reeditaram documentos e, embora em sua maior parte, estes tenham chegado a nós em forma muito fragmentária, preservaram ainda traços evidentes de sua origem gnóstica. Lipsius demonstrou que o Gnosticismo daqueles documentos não deve ser atribuído ao Maniqueísmo do terceiro século, como o julgavam muitos, porém à *Gnosis* vigente no século II.

Havia uma ampla circulação de tais textos religiosos no segundo século, pois constituíam os principais meios de divulgação gnóstica pública.

Os ensinamentos técnicos internos do Gnosticismo foram, posteriormente, atacados pelos Pais da Igreja ortodoxa com deturpações e insinuações que os ridicularizavam.

Até onde estamos cientes, os Gnósticos não davam respostas a estes ataques; muito provavelmente por se acharem limitados, de um lado por juramentos de manutenção do segredo e, por outro, porque bem sabiam que os Mistérios da vida interior não poderiam ser decididos através de um debate vulgar.

Os ensinamentos místicos de seu Evangelho destinavam-se àqueles que conheciam a natureza da vida interior por experiência direta. Para os restantes constituíam "loucura".

Suas narrativas também parecem com freqüência basear-se em acontecimentos reais da sua vida interior, bem como na experiência espiritual direta, subseqüentemente apresentadas em formas populares. Nestas últimas, a maravilhosa complexidade, a enganosa sublimidade do êxtase apocalíptico e a superabundante e fértil tecnologia que deliciava os membros nos círculos internos dos Cristãos Gnósticos eram excluídas, e todas elas reduzidas a termos mais simples.

Estas admiráveis descrições podem parecer extremamente fantásticas à mentalidade moderna, mas, para todas as nuances de Cristandade daqueles dias, elas eram inteiramente aceitáveis. Os ortodoxos não repudiavam a natureza desses textos, porém opunham-se com intensa severidade às implicações doutrinárias com que se achavam envolvidos.

Assim, estas narrativas formavam o elo intermediário entre a Igreja e os ensinamentos internos do Gnosticismo e eram tão populares que se tornava impossível eliminá-las simplesmente ridicularizando-as - outro método deveria ser usado.

Citando novamente Lipsius:

> Os bispos e professores católicos desconheciam melhor meio de deter este fluxo de escritos gnósticos e sua influência sobre os fiéis do que adotando arrojadamente as narrativas mais populares dos livros heréticos e, depois de eliminar cuidadosamente o veneno da "falsa doutrina" [a *Gnosis*], substituí-las por esta forma "purificada" nas mãos do público.

Felizmente, para alguns de nós, esta "purificação" não foi completa, e parte do "veneno da falsa doutrina" pôde ser preservado. Entre outras coisas de grande beleza, pelas quais somos gratos, agradecemos especialmente à bondosa Providência pela preservação de *O Hino de Jesus*.

A mais antiga coleção destes *Atos Gnósticos* diz-se ser de autoria de um certo Leucius, de sobrenome Charinus. Há uma tradição, tida como de autenticidade algo duvidosa, de que Leucius fora discípulo de João. Se isso for por nós plenamente aceito, este João deve ser entendido como sendo o escritor do "Quarto Evangelho" e não pelo João dos Doze originais.

Seria impossível entrar aqui em qualquer discussão sobre o confuso problema Joanino; contudo, aqueles dentre nossos leitores que estiverem interessados nas manifestas implicações gnósticas em que está envolvido este problema, à medida que se relaciona com o "Quarto Evangelho", devem ler o instrutivo e acurado estudo de Kreyenbühl *Das Evangelinum der Wahrheit* (Berlim,

1905). Sua "nova solução da questão Joanina", que Kreyenbühl intitula "O Evangelho da Verdade", clama corajosamente por uma imediata origem gnóstica para este texto; e este corajoso pioneiro de um novo caminho chega ao ponto de sustentar que o escritor do que é tido indubitavelmente como o mais espiritual de todos os Evangelhos não foi outro senão Menander[1], o mestre de Basílides. É instrutivo observar que este volumoso e importante trabalho tenha sido ignorado com completo silêncio neste país [Inglaterra].

De qualquer forma, os *Atos* de Leucius eram antigos; na opinião de Zahn esta coleção foi feita na época em que os Gnósticos não eram ainda considerados heréticos, isto é, anterior a 150 d.C. - talvez por volta de 130 d.C..

Lipsius, por outro lado, situa-os na segunda metade do século II, em torno do seu final, da mesma forma que Hennecke. Eles são obrigados a aceitar esta data

---

1 Menander foi discípulo de Simão, o Mago, e um dos mais destacados Gnósticos Ophitas. Basílides foi um mestre gnóstico em Alexandria, no início do século II d.C., e o instrutor de Valentino. (N.E.)

máxima porque Clemente de Alexandria, no final do segundo século, cita o texto gnóstico "Atos de João", o qual indubitavelmente fez parte da coleção de Leucius.

A controvérsia entre Lipsius e Zahn estava condicionada ao fato de que ambos concordavam em que os "Atos de João" provêm do "Quarto Evangelho". Zahn colocava este em data ainda mais antiga que a de Lipsius e mostrava-se ansioso por considerar os "Atos" um testemunho bem próximo àquele "Evangelho", na verdade o mais antigo testemunho.

Se os "Atos" provinham do "Evangelho" foi, no entanto, fortemente contestado por Corssen; e, até onde eu posso ver a partir das passagens alegadas, não parece haver evidência absoluta de qualquer citação "direta". Há, sem dúvida, uma íntima semelhança de enunciação, como acontece com freqüência em problemas similares concernentes a documentos aproximadamente contemporâneos; mas o problema é mais facilmente esclarecido se considerarmos os escritores como pertencentes ao mesmo círculo, ao invés de tentarmos provar um plágio literário direto.

Entretanto isto é possível. Não estamos supondo que Leucius "inventasse" os *Atos*; ele coletou, adaptou e expôs o material. Se o houvesse inventado em sua totalidade teria sido um gênio de alto gabarito.

Leucius tem estilo próprio; além disso era inspirado por uma doce atmosfera que é característica do que há de melhor na tradição Joanina - a tradição do amor, da intimidade e da simplicidade - muito diferente, por exemplo, da atmosfera mais formal da tradição Paulina.

Os "Atos de João" são indubitavelmente leucianos e, a julgar pelo estilo literário, assim o são os "Atos de Pedro". Quanto ao restante dos "Atos" da coleção leuciana original não há certeza atualmente e os atribuídos a Leucius por escritores posteriores devem ser deixados de lado.

M.R. James (1897) suspeitou de que havendo Lucas (Luke) escrito os "Atos Ortodoxos", o escritor dos "Atos Gnósticos" autodenominou-se Leucius (Leukos), para sugerir que era uma e a mesma pessoa; mas isto eu considero altamente improvável. Os Gnósticos são em geral inventores e não copistas.

Também é interessante notar que Zahn considera o relato da gênese do "Quarto Evangelho" fornecido pelo escritor do *Fragmento Muratoriano* (cerca de 170 d.C.) como tendo sido tirado dos *Atos* leucianos. Consta neste "Evangelho" haver ele sido redigido por um certo João, o qual pertencia "aos Discípulos". Seus "companheiros-discípulos e bispos" aparentemente o haviam pressionado a escrever um Evangelho, mas João hesitara em aceitar a responsabilidade e propusera que todos jejuassem juntos por três dias e contassem uns aos outros se alguma coisa lhes fosse revelada. Na mesma noite, foi revelado a André, um "dos Apóstolos", que, embora todos revisassem, João deveria registrar todas as coisas em seu próprio nome.

Se tal informação é tomada dos *Atos* leucianos, depreende-se, é claro, que o seu redator estava familiarizado com o "Quarto Evangelho". Se isso for tomado como fato

- embora apenas pelas frases paralelas aduzidas eu não possa estar inteiramente certo - ergue-se então a questão de como pôde Leucius ter colocado na boca de João doutrinas que se opõem aos ensinamentos do "Evangelho"? A esta questão M.R. James dá a seguinte resposta:

> Sua opinião é a de que São João escrevera para a multidão certos episódios relativamente singelos e fáceis da vida do Senhor, mas para o círculo interno dos fiéis seus ensinamentos foram bastante diferentes. No "Evangelho" e nas "Epístolas", encontramos o seu ensinamento exotérico; nos "Atos", o esotérico.

Isso, por certo, inverte a relação que Corssen supõe haver existido entre os "Atos" e o "Evangelho"; principalmente a de que o autor dos "Atos" conhecia o "Evangelho" em sua totalidade.

É claro para os Gnósticos que toda a verdadeira Escritura tinha um sentido subjacente. As narrativas evangélicas eram escritas para o povo, mas, ao mesmo tempo, de tal maneira que manifestavam alegoricamente os Mistérios.

Se, pois, qualquer divulgação destes Mistérios ocultos devia ser tentada de uma forma menos velada, segue-se que se devia insistir num ponto de vista mais espiritual; e a narrativa popular - geralmente tomada em um sentido físico e material - foi substituída por uma colocação e exposição mais plástica e sugestiva.

Mas podemos perguntar, no caso do "Quarto Evangelho": foi a narrativa do "Evangelho" anterior e o texto gnóstico dos incidentes do "Evangelho" reescrito posteriormente? Ou as idéias gnósticas existiam anteriormente aos escritos do "Evangelho", e a matéria foi incorporada ao *Atos Gnósticos* derivada diretamente do mesmo corpo de idéias que inspiraram o "Evangelho"?

Como está atualmente provado, e fora de qualquer dúvida, que a *Gnosis* é "pré-Cristã"[2] e era geralmente chamada Gnosticismo, estamos então tratando com uma

---

2 Era "pré-Cristã" no sentido de que já existia no século I a.C., especialmente na região de Samaria e na Síria. (N.E.)

Gnosis cristianizada que existia demonstradamente no tempo de Paulo e que este encontrou já existindo nas Igrejas. Assim podemos concluir que nada há de improvável na última narrativa.

Além disso, o Gnosticismo dos "Atos de João" é geral e simples e não pode ser atribuído a esta ou àquela particular escola da *Gnosis* Cristã.

O belo e maravilhoso "Hino", tema deste pequeno volume, é encontrado naquilo que, sem dúvida, são os "Atos de João" de Leucius. No entanto, não deve ser tomado por certo que tenha, ele próprio, composto o "Hino". Leucius foi um colecionador e redator - ele usou fontes. Eu próprio não tenho dúvida de que este "Hino" existiu nos círculos gnósticos anteriormente à composição dos *Atos* - de fato este era um documento muito precioso.

O primeiro testemunho externo de nosso "Hino" é encontrado em seu uso pelos Priscilianistas[3], na Espanha, no final do século IV d.C.. O grande movimento conhecido sob a denominação de Priscilianismo era uma pode-

3 Escola derivada do Maniqueísmo. (N.E.)

rosa revivescência do Gnosticismo e do Misticismo oriental, bem como da Teosofia que se espalhou pela Península.

Suas opiniões a respeito das Escrituras eram as mesmas dos Gnósticos em geral; seu cânone era católico[4] no sentido mais lato da palavra. Assim como as Escrituras judaicas constituíam uma revelação imperfeita se comparadas aos livros cristãos em geral, também as Escrituras populares da cristandade eram imperfeitas em comparação às revelações da *Gnosis*.

Como se considerava que os livros do *Antigo Testamento* estavam repletos de tipos e figuras, imagens e sombras do ensinamento do "Evangelho", assim também os livros do *Novo Testamento*, por sua vez, deveriam ter figuras e símbolos do ensinamento interno da *Gnosis*. Os primeiros destinavam-se aos da Fé; os últimos, aos da *Gnosis*.

Contra tal ponto de vista Agostinho e Jerônimo conduziram uma guerra impiedosa, pois a região estava

---

4 Católico significa "universal". (N.E.)

inundada de um número imenso de documentos gnósticos. Os Priscilianistas foram perseguidos e torturados, e a principal preocupação dos bispos ortodoxos era apoderar-se de seus livros e destruí-los.

Ceretius, presumivelmente um dos bispos, havia mandado a Agostinho alguns dos livros destes Gnósticos - ele próprio parecia haver-se inclinado a aprová-los. Em sua resposta, Agostinho retira, para uma minuciosa crítica, apenas um documento - o nosso "Hino". A este respeito ele escreve:

> Quanto ao "Hino", que eles dizem ser de Nosso Senhor Jesus Cristo, e que tão alto elevou a sua veneração, é comumente encontrado em escritos apócrifos não peculiares aos Priscilianistas, mas usados por outros hereges.

Agostinho[5] acrescenta uma citação retirada da introdução do manuscrito gnóstico do "Hino", que diz:

---

5 Apesar de Agostinho criticar o texto, é possível que tenha tido acesso a ele durante o período em que fez parte dos estágios iniciais dos Maniqueístas. (N.E.)

> O "Hino do Senhor", por Ele cantado em segredo aos santos Apóstolos, Seus discípulos, pois está dito no "Evangelho": "E, após haver cantado um hino, Ele subiu a montanha". Este "Hino" não foi incluído no cânone devido àqueles que pensam de acordo consigo próprios e não de acordo com o Espírito e a Verdade de Deus, e isto sim está escrito: "É bom ocultar o sacramento do Rei; mas é honrado revelar as palavras de Deus".

O 'Evangelho' a que se referiu não pode ser nem o de Mateus (XXVI, 31), nem o de Marcos (XIV, 26), uma vez que em ambos se lê: "E após cantar um hino *eles saíram* em direção ao Monte das Oliveiras". A segunda citação não fui capaz de descobrir.

Um ponto importante com o qual nos ocuparemos mais tarde é o de que Ceretius encontrou o "Hino" não por seu contexto nos *Atos*, mas por ele mesmo - com toda a probabilidade foi extraído para fins litúrgicos.

Além disso, está evidente, pelo que Agostinho escreveu na primeira passagem que citamos, que o "Hino" era bem conhecido nos círculos gnósticos.

Poderia também pensar-se que Agostinho, que escrevera em Latim, estivesse usando uma tradução latina, e não que ele houvesse traduzido a citação em sua resposta a Ceretius.

Apenas parte do texto grego deste famoso "Hino" era conhecido antes de 1899, quando James publicou um fragmento dos "Atos de João", até então desconhecido e muito importante, encontrado num manuscrito do século XIV d.C., na Biblioteca Imperial de Viena. Este continha o que parece ser o texto completo do nosso "Hino", embora, infelizmente, copiado por um escriba algumas vezes muito descuidado. Quase toda a extensão deste fragmento consiste de um monólogo colocado na boca de João, e com isto ficou preservado para nós uma notabilíssima tradição do lado gnóstico da vida do Mestre; ou, se assim se prefere, de incidentes da vida "oculta" de Jesus.

Todo o cenário da cristologia é o que se chama "docético"[6]. Nosso fragmento é assim uma adição extremamente valiosa ao nosso conhecimento do Docetismo e,

---

6 Docetismo: ensinamento gnóstico que se refere ao corpo de Cristo como não sendo real, mas só aparente. (N.E.)

afinal, nos fornece uma razão satisfatória do porquê tal ponto de vista foi mantido tão largamente pelos Gnósticos. Na verdade esta é, no presente momento, a mais importante fonte que possuímos e coloca toda a questão sobre uma base diferente. No futuro este fragmento deverá ser sempre considerado primeiramente como o *locus classicus* em qualquer discussão sobre o tema.

O Docetismo foi uma teoria que encontrou a sua confirmação em narrativas e lendas de certos poderes psíquicos ou espirituais atribuídos ao "homem perfeito".

As teorias cristológicas e soteriológicas[7] dos filósofos gnósticos não eram, como muitos nos fizeram acreditar, inventadas em conjunto *a priori*; elas permaneceram, eu o sustento, como base de um fato histórico verídico que, em sua maior parte, foi obscurecido pelo grande fluxo de narrativas históricas das origens, tornadas físicas e objetivas, afastando assim todo reconhecimento[8].

---

7 Soteriologia: parte da Teologia que se ocupa com a salvação da alma humana. (N.E.)

8 Algumas narrativas gnósticas que eram simbólicas foram tornadas históricas pelos editores posteriores. (N.E.)

Acredito que após a Sua morte, como muitas tradições Gnósticas o proclamam, o Cristo retornou e ensinou Seus discípulos e verdadeiros amigos nos círculos internos, e este fato, que foi conscientizado por eles de muitos e maravilhosos modos, constituiu, em grande parte, a origem das muitas formas da instrução interior na tradição gnóstica.[9]

Ele retornou do único jeito que Lhe seria possível voltar *neste caminho* de retorno - isto é, num modo ou "corpo" sutil ou "espiritual". Este "corpo" podia tornar-se visível à vontade, até mesmo sensível ao contato, mas era, comparado com o corpo físico objetivo normal, um corpo "ilusório" - daí o termo "docético".

Mas assim como a tradição externa daqueles que são considerados como os judeus cristãos originais, os Ebionitas[10] (ou Pobres), foi gradualmente transmutada e sublimada, até que ela, finalmente, exaltou a Jesus da ca-

---

9 Os Mistérios de Jesus - o núcleo interno que deu origem à *Gnosis* dos Ophitas. (N.E.)

10 Os Ebionitas eram primitivos cristãos que preservavam os ensinamentos públicos de Jesus e seguiam o "Evangelho Segundo os Hebreus". (N.E.)

tegoria de um simples profeta, como originalmente era considerado, à de ser o próprio pleno Poder e Glória de Divindade, assim também a tradição interna estendeu a indubitavelmente simples noção docética original para cada departamento da vasta estrutura soteriológica erigida pela genialidade gnóstica.

Os "Atos de João" de Leucius pertencem ao último fluxo de tendências, e "João" é a personificação, por assim dizer, de uma das linhas da tradição daquele Docetismo apresentado sob muitas formas. Este teve a sua origem em um dos mais conhecidos e importantes fatos da vida espiritual, ou da experiência "oculta", e naqueles maravilhosos ensinamentos de iniciação que foram posteriormente historiados ou reunidos em cenários históricos. "João", em nosso fragmento, resume-os nestes termos:

> Mantive unicamente isto com firmeza dentro de mim, que o Senhor ideava todas as coisas simbolicamente e como uma graça para os homens, para a sua conversão e salvação.

Isso quer dizer que todas as narrativas verdadeiramente inspiradas dos Feitos e Ditos de Cristo são típicas; ou ainda, de que Ele, que é Cristo, em tudo o que faz e diz como Cristo, atua com a Ordem Cósmica. Esta é a Sua "economia" e "ministério" - o assumir a realização dos "negócios de Seu Pai".

O HINO

Voltemo-nos agora ao "Hino" propriamente dito. Primeiramente, apresentaremos uma versão baseada no texto de Bonnet. No fragmento recentemente recuperado, é introduzido como segue:

> Agora, antes que fosse aprisionado pelos judeus sem lei - por aqueles que estão sob a lei da Serpente sem lei - Ele nos reuniu e disse:
>
> "Antes que Eu seja entregue a eles cantaremos um hino ao Pai, e assim iremos adiante para o que jaz a [nossa] frente[1]."
>
> Então, solicitando-nos a fazer como se fosse um anel, segurando as mãos uns dos outros, mantendo-O no meio, Ele disse:
>
> "Respondam *Amém* para Mim."

---

1 *Before [us]* no original em inglês. (N.E.)

Então Ele começou a cantar um hino dizendo[2]:

Glória a Ti, Pai!

(E nós, enquanto circulávamos em anel, respondíamos a Ele:)

Amém

Glória a Ti, Verbo (*Logos*)!

Amém!

Glória a Ti, Graça (*Charis*)!

Amém!

Glória a Ti, Espírito!

Glória a Ti, Sagrado Um!

Glória à Tua Glória!

Amém!

Nós Te louvamos, Ó Pai;

Nós Te damos Graças Ó Luz;

Na Qual não habitam Trevas!

Amém!

(Pelo que damos graças ao *Logos*.)

---

2 Para melhor compreensão do sentido dos versos, acompanhar os comentários no Capítulo III. (N.E.)

[Ou, se adotamos o texto "retificado":

Pelo que damos graças, Eu digo:]

Eu seria salvo; e Eu salvaria.

Amém!

Eu seria liberto; e Eu libertaria.

Amém!

Eu seria ferido; e Eu feriria.

[Ou: Eu seria trespassado; e Eu trespassaria.

Uma outra leitura contém:

Eu seria dissolvido (ou consumido pelo amor); e Eu dissolveria]

Amém!

E seria gerado; e Eu geraria.

Amém!

Eu me alimentaria; e Eu seria alimento.

Amém!

Eu ouviria; e Eu seria ouvido.

Amém!

[Eu compreenderia; e] Eu seria compreendido; tudo sendo Compreensão (*Nous*).

[A primeira cláusula eu tenho fornecido; a última é provavelmente um acréscimo.]

Amém!

Eu receberia a ablução; e Eu abluiria.

Amém!

(A Graça comanda a dança.)

Eu tocaria flauta; dancem todos vocês.

Amém!

Eu tocaria um canto fúnebre; lamentem-se todos vocês.

Amém!

O Oito uno (*Ogdoad*) soa (ou toca) conosco.

Amém!

Os Doze comandam a dança no alto.

Amém!

Tudo cuja natureza seja dançar [que dance].

Amém!

Quem não dança, não sabe o que está sendo feito.

Amém!

Eu fugiria; e Eu permaneceria.

Amém!

Eu seria paramentado; e Eu paramentaria.

[As cláusulas estão invertidas no texto.]

Amém!

Eu seria unificado; e Eu unificaria.

Amém!

Eu não tenho morada; e Eu tenho moradas.

Amém!

Eu não tenho lugar; e Eu tenho lugares.

Amém!

Eu não tenho templo; e Eu tenho templos.

Amém!

Eu sou uma tocha para ti que Me vês.

Amém!

Eu sou um espelho para ti que Me reconheces.

Amém!

Eu sou uma porta para ti que [por Mim] bates.

Amém!

Eu sou um caminho para ti, um viandante.

Amém!

E agora responde ao Meu dançar!

Veja a ti mesmo em Mim que falo;
E vendo o que faço,
Guarda silêncio sobre os Meus Mistérios.

Dançando compreende o que Eu faço;
Porque tua é a Paixão do Homem
Que Eu estou para sofrer.

Tu de forma alguma poderias estar consciente
Daquilo que de fato sofres,
Não fosse Eu enviado como teu Verbo (*Logos*) pelo Pai.

> [A última cláusula pode ser substituída:
> Eu sou o teu Verbo; fui enviado pelo Pai.]

Vendo o que sofro,
Tu me vês como sofrimento;
E vendo, tu não suportas,
Mas te comoves inteiramente,
Comovido para ser sábio.

Tu me tens por um leito; repousa em Mim.

Quem Eu sou saberás quando Eu partir.

O que agora pareço ser, isto Eu não sou.

[Mas o que Eu sou] tu verás quando vieres.

Se tivesses sabido como sofrer,

Terias o poder de não sofrer.

Conhece [pois] o sofrimento,

e terás o poder de não sofrer.

Aquilo que tu não sabes, Eu Próprio te ensinarei.

Eu sou teu Deus, não o do Traidor.

Eu permaneceria em sintonia com almas santas[3].

Em mim conhece tu a Palavra da Sabedoria [o *Logos* de *Sophia*].

Dize-Me tu novamente:

> Glória a Ti, Pai!
>
> Glória a Ti, Verbo!
>
> Glória a Ti, Espírito Santo!

---

3 No original em inglês: *I would be kept in time with holy souls.* (N.E.)

Mas quanto a Mim, se tu o soubesses o que fui:

Em uma palavra Eu sou o Verbo que executou [ou dançou] todas as coisas, e que jamais se envergonhou. Fui Eu quem pulou [e dançou].

Mas busca compreender tudo, e, compreendendo, diz:

Glória a Ti, Pai![4]

Amém!

(E tendo dançado estas coisas conosco, o Bem-amado, o Senhor retirou-se. E nós, embora ao lado uns dos outros, como que nos acordamos de [profundo] sono, e nos dispersamos cada qual por diferentes caminhos.)

---

4 Em outra tradução deste mesmo autor, G.R.S. Mead, em *Fragments of a Faith Forgotten*, o texto segue:
"Amém!
Glória a Ti, Verbo; Glória a Ti, Graça.
Amém!
Glória a Ti, Espírito; Glória a Ti, Sagrado Um; Glória à Tua Glória.
Amém!
Nós Te louvamos, Ó Pai; Nós Te damos graças, Ó Luz, na qual não habitam Trevas."
Assim repetindo a doxologia inicial. (N.E.)

COMENTÁRIOS AO HINO

Parece-me quase certo, conforme já argumentava na primeira edição de *Fragmentos de uma Fé Esquecida*[1], em 1900, que este "Hino" não é um hino, mas um Ritual-mistério, e talvez o mais antigo Ritual cristão de que se tem notícia.

Temos numerosos Rituais-mistério como este nos trabalhos gnósticos coptos - no extrato de "Livros do Salvador" anexado ao assim denominado *Pistis Sophia,* um documento do *Askew Codex*, e em "Dois Livros de Ieou" do *Bruce Codex.*

Em numerosas passagens é dito aos Discípulos que formem um círculo, isto é, dêem-se as mãos, em volta

1 Obra que apresenta as origens do Gnosticismo (principais Escolas e personagens), publicada em Londres pela Theosophical Publishing Company. (N.E.)

do Mestre em certas preces e invocações ao Pai, ao qual se dirigem assim: "Pai de toda a Paternidade, Luz Infinita" - exatamente como no "Hino", o Pai é invocado como Luz nas últimas três linhas da nossa doxologia[2] de abertura.

O "Segundo Livro de Ieou" termina com uma longa prece nos espaços interiores; pois estes tratados altamente místicos abordam a instrução dos Discípulos pelo Mestre fora do corpo. Esta prece começa como segue:

> E Ele dirigiu-se aos Doze: rodeiem-Me todos!
> E eles O rodearam. E disse-lhes Ele:
>
> "Respondam-Me [Amém], e cantem Comigo em louvação; e Eu louvarei Meu Pai pela Emanação de todos os Tesouros."
>
> E Ele começou a cantar um hino louvando Seu Pai e dizendo:
>
> "Eu Te louvo...; porque Te submetestes a Ti mesmo inteiramente à Verdade, até haveres liberado o espa-

---

2 Fórmula litúrgica de louvor a Deus, geralmente ritmada (*Dic. Aurélio*). (N.E.)

ço desta Pequena Idéia [o Cosmo?]; mesmo assim Tu não Te apartaste de Ti mesmo. Pois para que existe a Tua Vontade, Ó Deus Inacessível?"

Depois disso Ele fez Seus Discípulos responderem três vezes: Amém, Amém, Amém![3]

Até onde me é possível descobrir nos mais recentes trabalhos de referência, "Amém" é considerada pelos eruditos como sendo uma palavra hebraica. Diz-se ter sido originalmente um adjetivo que significava "estabilidade", "firmeza", "certeza", e que mais tarde se tornou uma interjeição empregada primeiramente na conversação e depois restrita à mais solene forma de afirmação - como, por exemplo, em juramentos e, no Ritual do templo, nas respostas da congregação aos doxologistas e nos solenes pronunciamentos dos padres e dos leitores.

De acordo com a leitura das vogais em Português, a pronúncia é *Āmēm* (como as vogais em Italiano). A transliteração grega é *Amēm*.

---

3 Carl Schmidt. *Escritos Gnósticos... provenientes do Bruce Codex*. Leepzig, 1892, pp. 187.

No "Apocalipse" (III, 14), Cristo é chamado o *Amém*: "Estas coisas disse o Amém, a fiel e verdadeira Testemunha".

Conta-se que, na grande Sinagoga de Alexandria, na conclusão da doxologia dos leitores, o atendente assinalava com uma bandeira para que a congregação respondesse Amém.

As igrejas cristãs apossaram-se do uso de tal pronunciamento sagrado. Tanto é que encontramos Jerônimo escrevendo: "Como um trovão celestial assim reecoa o Amém".

É bem conhecido o fato de que o Hebraico e o Aramaico são excessivamente ricos em palavras "adotadas" de outras línguas. No entanto, nunca encontrei sequer uma sugestão de que Amém possa ser uma palavra tomada emprestada. Faço agora, com toda a submissão aos especialistas em Hebraismo, a seguinte sugestão, pois Plutarco, em seu tratado *Sobre Ísis e Osíris*[4] (IX, 4), escreve:

---

4 Em Português pela Editora Palas Athena, São Paulo. (N.E.)

> Além disso, enquanto a maioria pensa que o nome próprio de Zeus entre os egípcios seja Amoun (o qual, por uma leve mudança nós chamamos Ammôn), Manethô, o Sebenita, considera-o o Seu aspecto oculto, e que o uso do som articulado torna claro este Seu poder oculto.
>
> Hecateus de Abdera, contudo, diz que os egípcios usam também este termo entre si quando chamam alguém, pois o seu som adquiriu o poder de "atrair". Por isso, quando apelam para o Primeiro Deus - o qual julgam ser o mesmo para todos os homens - como o Não-Manifesto e Oculto, invocando-O para torná-Lo manifesto e acessível para eles, dizem "Amoun"!

É usual Ammôn ou Amoun ser traduzido diretamente dos hieroglifos como Amém. Aprendemos assim que Amém no Egito era uma "palavra de poder", realmente a principal "palavra de poder" no uso teúrgico em geral.

Não podemos supor que Hecateus, em sua *História do Egito*, pretendesse nos fazer entender que os egípcios se chamassem nas ruas gritando-o. Era antes empregado como palavra mágica, mais para evocar o *Ka* de uma pessoa, ou como a mais importante das invocações para a Divindade Invisível.

Nos dias de hoje, encontra-se o exato paralelo no uso da expressão "Palavra de Glória[5]" (*Pranava*), *Om* ou *Aum*, na Índia.

A dança sagrada era comum a todas as grandes cerimônias dos Mistérios. Aqui será suficiente citar Philon[6] de Alexandria, que faz referência, no início do século I d.C., em seu famoso tratado *On the Contemplative Life*, às danças sagradas dos Terapeutas ou "Servos de Deus". Escreve ele:

> Então, erguendo-se, o líder canta um hino feito em honra a Deus; ou um novo por ele composto, ou um antigo, dos velhos poetas.
>
> Pois deixaram atrás de si muitos versos e toadas em épicos trimétricos, hinos de procissão, odes de liba-

5 Também chamada "Palavra Sagrada". (N.E.)

6 Destacado Helenista e Kabalista que viveu entre os Terapeutas próximos a Alexandria (Egito). (N.E.)

ção, cantos de altar, coros estacionários e canções de dançar, todos admiravelmente uniformes embora em composições diversificadas.

E depois dele, também os outros, em grupos escalonados e na ordem adequada, assumem a cantoria, enquanto os restantes ouvem em profundo silêncio, exceto quando têm de juntar-se no coro e refrões; porque todos, homens e mulheres, unem-se...

Após o banquete, o festival sagrado estende-se por toda a noite. E assim é conservado:

"Todos se erguem como um só corpo; e, lá pelo meio da cerimônia, eles primeiro se separam em dois grupos, homens de um lado e mulheres de outro. Um líder é escolhido para cada grupo, como condutor, aquele cuja reputação é a maior e a mais conveniente para o posto.

E então cantam hinos feitos em honra a Deus, em muitos ritmos e melodias. Algumas vezes cantam em coro; em outras, um grupo marca o ritmo para o outro responder cantando, ora dançando ao som da música, ora inspirando-a, às vezes com hinos processionais, em outras mantendo canções - tornando e retornando a dançar.

Então, depois que cada grupo festejou [isto é, cantou e dançou separadamente], bebendo o néctar de Deus amável, tal como nos ritos de Baco os homens bebiam vinho puro, todos se reúnem e um coro é formado pelos dois grupos..."

Assim o coro de homens e mulheres Terapeutas..., por meio de melodias harmônicas e com diferentes tons - as notas agudas das mulheres respondendo aos tons graves profundos dos homens - produz uma sinfonia harmoniosa e extremamente musical. As idéias são as mais bonitas, as expressões da maior beleza e os dançarinos reverentes, enquanto o objetivo das idéias, expressões e dos dançarinos é de devoção.

Bebendo assim até o amanhecer, estando levemente alterados, sem sonolência ou peso na cabeça, mas com os olhos e o corpo mais frescos ainda do que quando vieram ao banquete, levantam-se ao alvorecer, quando, atraídos pela visão do nascer do Sol, erguem suas mãos para o céu louvando a Luz do Sol e rogando pela Verdade e pela aguçada Visão Espiritual.

E agora retornemos ao texto do nosso "Hino", que pertence a um Mistério ainda mais elevado, tratando, primeiramente, das palavras introdutórias do escritor dos "Atos".

"Judeus sem lei" refere-se àqueles que se encontram "sob a lei da Serpente sem lei", isto é, àqueles que estão sob o jugo da Geração, em contraste com os que se encontram sob a lei da Regeneração, os de nascimento carnal opondo-se, assim, ao nascimento espiritual; ou ainda, dos Menores em contraposição aos Mistérios Maiores.

Como o redator grego pré-cristão do "Documento Naassene"[7] põe em frases (*T.G.H.*[8], I, p. 162):

> Pois Ele [o Grande Homem, o *Logos*, a Serpente da Sabedoria] é o Oceano - "fonte dos deuses e dos homens" - em maré alta e maré baixa para sempre, ora subindo, ora descendo.

---

7 *Naas* é serpente em hebraico. Os "Naasenes" são os mesmos Ophitas. (N.E.)

8 Abreviatura do título do livro *Thrice-Greatest Hermes* (*Studies in Hellenistic Theosophy and Gnosis*), de G.R.S. Mead, em 3 volumes. (N.E.)

E o antigo comentador judeu assinala:

> Quando o oceano está em maré vazante, provoca o nascimento de homens; e, quando a maré é enchente, ... é o que causa o nascimento de deuses.

E acrescenta mais adiante:

> Este é o grande Jordão, que, fluindo para baixo e evitando os Filhos de Israel de saírem do Egito, ou das Terras Baixas intermediárias, foi invertido em seu fluxo por Jesus [LXX. por Joshua] e voltou a subir.

Esta mesma e única Serpente era, assim, ou o "Agathodaimon" (o Bom Espírito), ou o "Kakodaimon" (o Mau Espírito), conforme a vontade do homem. O homem regenerado ou perfeito, que se arrepende e que volta para casa, ou que tem sua "face" voltada para o Alto, o homem cuja vontade está se tornando una com a Vontade Divina, inverte as águas do Oceano para cima e assim dá nascimento a si próprio como um deus.

A doxologia deste "Hino" é triádica - Pai, Filho, Mãe.

Charis, Graça ou Amor, é Sabedoria ou Boa Vontade de Deus, o Espírito Santo ou Grande Sopro, isto é, o Poder e a Esposa da Divindade.

A ordem da tríplice louvação é, pois, invertida: Mãe, Filho, Pai - porque Glória é a Grande Presença, o Pai.

E, finalmente, há uma trindade na unidade, louvando-se o Pai como Luz. Igualmente se recorre, com freqüência, à invocação nos trabalhos Gnósticos Coptos: "Pai de toda a Paternidade, Luz Infinita!"

Havendo terminado a doxologia, chegamos a uma admirável série de afirmações duplas ou antíteses. Concordo imediatamente que estas não tinham originalmente a intenção de serem pronunciadas por uma única pessoa. Ao contrário, são evidentemente *amoebaenas*, isto é, são respondidas como em um diálogo. Nem eram elas dirigidas aos Discípulos; havia uma intenção em relação a uma única pessoa, para a qual praticamente tudo era dirigido.

Se, pois, temos diante de nós não um hino, mas os remanescentes de um Ritual-mistério, devem ter existido duas pessoas no círculo. Uma delas era o Mestre, o Iniciador. Quem era a outra pessoa? Evidentemente aquele que seria iniciado.

Ora, o fim último de toda a *Gnosis* era a união do pequeno homem com o Grande Homem, da alma humana com a Alma Divina.

No Grande Mito-Sabedoria, a alma humana era encarada como a "ovelha perdida", a errante e sofredora "*Sophia*" caída na geração, da qual foi salva pelo Cristo, seu verdadeiro Senhor e Esposo.

No aspecto da Grande Queda temos as mais maravilhosas tentativas feitas pelos Gnósticos para penetrarem no véu dos Mistérios da Cosmogonia - para captarem algum vislumbre de como o Cosmo veio à existência e foi modelado pelo poder criativo do *Logos*, o Supremo Cristo. Isso foi chamado a "conformação de acordo com a substância" - sendo a "substância" *Sophia*, Ela mesma a Sabedoria vista em Seu auto-isolamento do Pleroma ou Plenitude do Ser Divino, a Presença Transcendente.

No caminho da Grande Ascenção ou Retorno, a *Gnosis* buscou levantar o véu dos Mistérios da Soteriologia, ou do resgate da alma humana separada, e a sua restauração ao Seio do Divino. Isso foi chamado a "conformação de acordo com a *Gnosis*", ou seja, a Consciência de Si Mesmo[9].

O diálogo assim prossegue sendo executado por aqueles que expressam o Mistério de *Sophia* e de Cristo; embora nunca devamos esquecer que eles são, na realidade, ou essencialmente, uma e a mesma Pessoa, a natureza inferior e Superior do *self* em Presença do Grande *Self*.[10]

Os doze Discípulos são os representantes dos poderes do Mestre, enviados (apóstolos) para percorrer mundos externos, correspondendo aos Grandes Doze da Presença, os Doze Superiores; e eles dançam para os movimentos bailantes ou cósmicos dos Doze, mesmo enquanto o candidato, ou neófito, o da *Sophia* Inferior, dança para o

9 *Self-consciousness* no original inglês. (N.E.)

10 Nesta tradução, optou-se por manter o vocábulo inglês *Self* porque tem uma característica e significado próprios, podendo inclusive tanto ser traduzido por "eu" como por "ser". (N.E.)

movimento cósmico da *Charis,* Graça ou *Sophia* Superior.

E, se tal Rito for devidamente consumado, a Presença que arrebata os agentes do Mistério é Divina. A Presença é aquela do Próprio Pai, que não tem forma humana, mas é como se fosse um "Coração" ou "Cabeça", uma "Face", uma *Shekinah* ou Glória. A maneira pela qual os profetas da *Gnosis* concebiam esta esplêndida Divindade talvez seja apreendida vagamente nas seguintes passagens do "Apocalipse sem Título", do *Bruce Codex* (*F.F.F.*[11] p.548):

> O Contorno de Sua Face está além de qualquer possibilidade de conhecer nos Mundos Exteriores - aqueles Mundos que sempre procuram o Seu Rosto no desejo de conhecê-Lo, porque o Seu Verbo neles penetrou e almejam vê-Lo.
>
> A Luz de Seus Olhos penetra os Espaços do Pleroma Exterior; e o Mundo que sai de Sua Boca penetra o Acima e o Abaixo.

---

11 *Fragments of a Faith Forgotten* de G.R.S. Mead. (N.E.)

> Os Cabelos de Sua Cabeça são o número dos Mundos Ocultos e o Contorno de Sua Face é o tipo de *Aeons* [*i.e.*, Esferas Perfeitas e Eternidades].
>
> Os Pelos de Sua Face são o número de Mundos Exteriores, e a Extensão de suas Mãos é a manifestação da Cruz...
>
> A Fonte da Cruz é o Homem [*Logos*] que nenhum homem pode compreender.
>
> Ele é o Pai; Ele é a Fonte de onde o Silêncio [a Mãe dos *Aeons*] provém.

Quanto à consumação da unificação e do estado daquele que submete alegremente a si mesmo em relação a estes Poderes - "e assim tornando-se poderes ele está em Deus", como ensina Poemandres - alguma intuição pode ser recolhida do mesmo documento que trata da Hoste dos Poderes, como "tendo grinaldas (ou coroas) em suas cabeças", isto é *Aeons,* Cristos ou Mestres coroados com seus Doze Poderes, e todas as outras ordenações de energias espirituais (*F.F.F.*, p.556):

As suas coroas emitem Raios. O Brilho de Seus Corpos é como a Vida do Espaço no qual Eles vêm. O Verbo (*Logos*) que sai de Sua Boca é a Vida Eterna; e a Luz que emana de Seus Olhos é Repouso para Eles.

O Movimento de Suas Mãos é o Seu Vôo para o Espaço exterior do qual Eles vêm; a Sua Contemplação em Suas próprias Faces é a *Gnosis* Deles.

O Estar Indo para Eles é um repetido Retorno; e o Estender de Suas Mãos fixa-Os.

O Ouvir de Seus Ouvidos é a Percepção em Seu Coração; e a União de Seus Membros é a Colheita de Israel.

O que Os Mantém unidos é Sua Fortificação no *Logos*.

Tudo isso é, sem dúvida, "loucura" para muitos, mas é Luz, Vida e Sabedoria para alguns poucos que continuariam se esforçando para se tornarem Muitos em Um e Um em Muitos.

Quanto àqueles mistérios algo menores de nosso Ritual, todos os termos devem, parece-me, ser interpretados como termos-mistérios. Eles continham para os Gnósticos uma riqueza de significados que diferia para cada um de acordo com a sua compreensão e experiência. Se, pois, me aventuro a apresentar qualquer sugestão de significado, deveria isto ser entendido como sendo apenas uma tentativa, e efêmera, e como se fossem apenas toscas notas a lápis na margem do papel, que podem ser apagadas e emendadas por qualquer um conforme seu conhecimento e preferência.

Eu seria salvo

A alma humana está "vagando no labirinto de doenças", como consta no "Hino Naassene" (*T.G.H.*, I, p. 191); está sendo posta em redemoinho pela "feroz inundação" da Ignorância, como o Pregador, em um dos sermões trismegísticos, o coloca em frases (*T.G.H.*, II, p. 120). A alma está sendo posta em redemoinho no Oceano da Gênese, nas Esferas do Destino.

Ela reza pela salvação, por aquele estado de estabilidade que é atingido quando as palavras de redemoinho na *Magna Vorag*, ou Grande Vórtice - para usar um termo da tradição de Orpheu -, são transcendidas, por meio da unificação com a Grande Estabilidade, o *Logos* - "Aquele que está, esteve e estará de pé", como o chama o *Great Announcement* simoniano[12].

No princípio esta segurança não expressa nem movimento, nem estabilidade, mas um cessar da agitação; a mente ou ansiedade não mais está em movimento, a Procissão do Destino.

O *self* tempestuosamente sacudido clama por ser atirado para fora do redemoinho; enquanto o outro *Self*, que não está no redemoinho, gostaria de nele entrar.

O *self* que está dentro, ou sujeito aos elementos "inferiores", deve unir-se ao *Self* dos elementos "superiores" a fim de ser salvo do redemoinho das paixões; enquanto o "*higher*" *Self*[13] deve ser atraído para o "infe-

12 De Simão, o Mago. (N.E.)
13 Ser Supremo, Eu Superior. (N.E.)

rior", por assim dizer, e com ele se unir a fim de ser "salvo" da incapacidade de auto-expressão.

Eu seria liberto

Isto é, desprendido dos vínculos do Destino e da Gênese. Em alguns dos Ritos, o candidato era amarrado com uma corda. No Egito, a corda simbolizava a serpente, *Typhonic,* a "serpente de respiração ruidosa" das paixões, como é denominada no "Hino da Alma" de Bardesanes (*F.F.F.*, p. 477).

Eu seria ferido

Ou "Eu seria trespassado". Isto sugere o ingresso do raio do *higher Self* no coração com o que o "nó no coração" - como referido nos *Upanishads* - pode ser desamarrado ou dissolvido, para que o *self* inferior possa receber a divina radiação do Superior. Esta interpretação é produzida pela alternativa de leitura de uma tradução latina que pode haver-se originado de uma interpretação por alguém que conhecia o Mistério, pois ele escreve: "Eu seria dissolvido", isto é, "consumido pelo amor".

E assim continuamos com os Mistérios deste verdadeiro "Casamento Sagrado", ou "União Espiritual", como foi chamado.

Eu seria gerado

Este é o Mistério da Imaculada Concepção, ou nascimento do *Self*. "Eu seria gerado" como um Cristo, o Novo Homem, ou Verdadeiro Homem - que é, na verdade, gerado Sozinho, isto é, Gerado-apenas-de-Si-mesmo, ou Autogerado.

Eu me alimentaria

Pelo ato de "alimentar-se", o alimento e aquele que se alimenta tornam-se um. O *Logos* é chamado o "Pão da Vida", o pão Extra-substancial, um dos elementos da Eucaristia. A alma deseja "consumir" a Vida em todas as coisas; isto expressa como a alma deve tornar-se todas as coisas antes que possa desfrutar da consciência cósmica e ser alimentada pela Vida em tudo.

É assim que os homens podem tornar-se parte do Cosmo através da reta ação. Mas para atingir esta consumação devemos não mais viver e atuar para nossa pequena vida, mas ser, preferencialmente, se assim se pode usar a frase, "engolidos" - isto quer dizer termos nossa vontade pessoal "consumida", expulsa de nós. E então o nosso destino, vida ou atividade torna-se parte dos Grandes Registros, e o homem transforma-se num Oráculo Vivo ou Drama, um Cristo. Toda a Vida passa, então, a ser um acontecimento com sentido. Mas isso nunca poderá acontecer até que o homem submeta sua vontade pessoal à Grande Vontade, tornando-se uno com Ela.

Este "ato de se alimentar" significa um tipo de união verdadeiramente íntimo, no qual a vida de um homem torna-se parte de uma Grande Vida.

Eu ouviria

É de notar-se que não existe um "Eu veria". Se é legítimo colocarmos alguma ênfase nisto, isto ocorre porque presumivelmente o candidato já esteja "vendo"; ele já atingiu o estágio de *epopta*, e por isto este "ouvir" está além do estágio probatório de "ouvir" ou do *mystes*.

Ouvir é muito mais cósmico ou "maior" que ver, como aprenderemos mais tarde no nosso fragmento[14], na Visão da Cruz, onde João "vê o próprio Senhor acima da Cruz, sem ter qualquer forma, mas apenas uma voz".

Em tal ouvir o ouvinte aproxima-se da Raiz do som, ou sopro (*Ātman*), que cria tudo que é possível ver. Para ver é necessário que haja forma, mesmo que a forma seja apenas uma idéia.

Por outro lado, pode-se ainda dizer que ouvir é o verbo de ação quando o poder está sendo transferido a uma pessoa; enquanto que ver é o verbo de ação daquela pessoa após receber o poder.

Eu compreenderia

Isso evoca a idéia[15] de "ficar de pé", de "estabilidade". Platão atribui esta compreensão à Esfera de Indife-

---

14 Esta passagem sobre a Visão da Cruz encontra-se após o "Hino" no evangelho apócrifo "Atos de João". (N.E.)

15 A palavra usada em inglês é *understand* (compreender), composta por *under* (sob) e *stand* (estar de pé, posição), por isso a associação feita. (N.E.)

renciação[16] (o Oitavo), trabalhando assim, acredito, com um eco do Egito. É por meio desta estabilidade da verdadeira mente que a consciência se torna capaz de ligar os acontecimentos das esferas em redemoinho, ou espirais, do Destino às Grandes Coisas ou Coisas-que-são, e assim perceber maiores registros da alma no fenômeno. A última afirmação é evidentemente um comentário, mas de um escriba que sabe. O *Logos* é *verdadeira* Compreensão ou Mente (*Nous*).

Eu receberia a ablução

Isto é, eu seria batizado ou imerso inteiramente no oceano da Água vivente, a Grande Unicidade. Pode significar simplesmente "Eu seria purificado". Mas o rito completo do batismo era a imersão e não um simples borrifo. Como diz Hermes, o Três vêzes Grande, no sermão "A Taça", ou "A Mônada" (*T.G.H.*, II, p. 86):

> Ele encheu uma Grande Taça (*Krater*) com ela (Mente), e a enviou para baixo, juntando um Heraldo

16 *Sameness.* (N.E.)

> a ela, a quem ele comandou que fizesse esta proclamação aos corações dos homens:
>
> 'Batiza-te com o batismo desta Taça, que o coração possa fazer assim, e tu que tens fé podes ascender Àquele Que havia mandado descer a Taça, tu que o fazes sabendo para que viestes a ser!'
>
> Muitos daqueles que compreenderam as boas novas do Heraldo e mergulharam na Mente tornaram-se participantes da Gnosis; e quando "receberam a Mente" foram feitos "homens perfeitos".

A Taça talvez seja a substancial Presença.

A Graça comanda a dança

No texto, esta é a próxima sentença inscrita, mas estou inclinado a pensar que seja uma nota, ou antes uma rubrica, do que uma proclamação do Iniciador.

Muda a cerimônia. Até aqui tinha havido a dança em círculo, o "andar em roda como em um anel" que encerra o Mistério-drama, e o cântico da Palavra sagrada.

O contato é agora misticamente estabelecido com a Grande Esfera, *Charis* ou *Sophia*, Contrapartida, Esposa ou *Syzygya*[17] do Supremo Cristo, ou do Cristo Acima. Ela "comanda a dança", isto é, os atores começam a agir de acordo com os grandes movimentos cósmicos.

Eu tocaria flauta

No "Documento Naassene" (*T.G.H.*, I, p. 183), lemos: "Os Frígios[18] também dizem que aquele que é gerado Dele é *Syriktes*".

Syriktes é o Tocador da flauta - propriamente o que toca na siringe, na flauta de Pan feita de sete tubos - através da qual a música das esferas é criada.

E sobre isto o antigo comentador judeu acrescenta: "Porque aquilo que é gerado é Espírito em harmonia".

---

17 Termo usado pelo gnóstico nazareno Simão, o Mago, para referir-se a uma série de emanações primordiais, através de "pares unidos" (*Sizígias*), como *Christos* e *Sophia*, *Nous* e *Epinoia*. Elas surgem duas a duas, sendo os aspectos ativo e passivo. (N.E.)

18 Frígios - povo relacionado aos arameus (origem da tradição aramaica), que viveram entre o norte da Babilônia e a Síria. (N.E.)

Isso é o mesmo que dizer que Espírito, ou *Sophia*, o Sopro Sagrado, é harmonia. E Harmonia era o nome das Sete Esferas cercadas pelo Oitavo. Curiosamente, mais tarde, em nosso fragmento, o *Logos* é chamado "Sabedoria em harmonia".

A palavra grega para "dança" na sentença "**dancem todos vocês**" é diferente daquela na frase "**comanda a dança**". Lembra-nos a "orquestra" no Teatro grego.

Eu sustento que o drama grego originou-se dos Mistérios. A impressão geral, no entanto, é a de que "se projetou do coral de danças em torno do altar de Dionísio", e dessa maneira a forma arquitetural do Teatro grego "desenvolveu-se a partir do local circular de danças", a *orquestra*.

A dança é para representar a dança do Mistério do mundo, portanto do Mistério-homem - da alegria e da tristeza, do júbilo e dos sentimentos palpitantes no peito.

É quase desnecessário aqui relembrar ao leitor os ditos evangélicos tomados pelo primeiro (Mateus, XI. 17) e terceiro (Lucas, VII. 27) Evangelistas de uma fonte comum:

> Nós tocamos flauta para vocês, mas não dançamos;
> Nós tocamos um canto fúnebre para vocês, mas não lamentamos.

Seria possível que existisse uma tradição interna de uma Escritura na qual esta Passagem permanecesse na primeira pessoa do singular? Em minha análise do "Documento Naassene" (*T.H.G.*, I, p. 195), julgo haver apresentado a suposição na qual o comentador cristão, em seus paralelos com o "Quarto Evangelho", legitimamente traz à tona a questão, quer ele tenha estado ou não em contato com "fontes" daquele documento "Joanino".

De qualquer forma, eu sugeriria que para os Gnósticos havia um significado subjacente e que este está expresso para nós aqui neste "Hino", ainda que misticamente oculto.

O mais elevado quaterno, ou tétrade, de alegria é combinado, como teria dito o gnóstico Marcos, com a tétrade inferior da tristeza; e ambos formam uma oitava, através da qual o homem se ergue da sua pequenez para a Grandeza, isto é, ele pode agora responder à música cósmica.

Aparentemente, portanto, o que era originalmente uma rubrica (*O Oito uno* etc.) foi colocado por um escriba desconhecedor na boca do Iniciador, e um Amém foi acrescentado.

O Ogdoad soa conosco

"*O Ogdoad ou Oito*" (em uma música uma oitava completa), "*soa conosco*", isto é, estamos agora começando a dançar para a Música das Esferas.

Poder-se-ia dizer que, sendo assim, a percepção da alma iniciada torna-se cósmica, pois começa a vibrar, ou a corresponder, ou a afinar-se em simpatia com os ordenados movimentos da Grandeza. Por isso os Doze Superiores, os Poderes que transcendem a alma separada e que coroam ou cercam a Grande Esfera, comandam agora a dança.

Ou, especulando com mais ousadia, as indicações parecem denotar uma crença de que neste estágio do Rito ali se achava a Presença das qualidades do Mestre; e isto indicaria para o aspirante que ele deveria se ultrapassar para atingir coisas maiores - como está tão nobremente incentivado no "Secreto Sermão da Montanha"[19] trismegístico, que poderia muito bem ser chamado "A Iniciação de Tat".

E assim, os seus "doze discípulos", como era costume, começam a dançar acima e fora de si próprios, pois os reais discípulos ou apóstolos de um recém-nascido Cristo não são as criaturas que foram instruídas sobre a terra como seres humanos, mas Poderes irradiando-se da verdadeira Pessoa em regiões ainda mais elevadas.

Os Apóstolos que se adiantam no mundo dos homens são apenas reflexos de Grandes Poderes que agora emanam da verdadeira Pessoa e o ligam ao Grande Cosmo.

---

19 Texto do *Corpus Hermeticum*. (N.E.)

Tudo cuja natureza seja dançar, que dance

Não é fácil conjecturar sobre o significado desta frase, pois o texto é tão pouco claro que não podemos estar certos sobre a versão correta. Se, entretanto, esta for a correta tradução, neste caso eu sugeriria que "tudo" é a ordem cósmica; e que agora tudo está pronto, e a comunhão espiritual foi estabelecida novamente entre a "Igreja", ou o círculo abaixo, e a "Igreja do Alto", a *Sophia* Suprema.

Quem não dança, não sabe
o que está sendo feito

A alma deve dançar ou ser ativa de um modo que corresponda à Grande Dança, a fim de conhecer ou atingir a verdadeira *Gnosis*. O Conhecimento do Grande Mundo somente pode ser atingido quando o homem tiver abandonado sua vontade pessoal e agir em harmonia com os Grandes Acontecimentos.

Isso nos recorda a passagem do "Quarto Evangelho" (VII. 17): "Se um homem fizer a Sua Vontade, ele conhecerá a Doutrina"; e ainda (IX. 31): "Se um homem for um adorador de Deus e fizer a Sua Vontade, Ele o ouvirá". E a Vontade de Deus é a Sua Divina Esposa, *Sophia* ou Sabedoria, por meio de Quem e em Quem Ele fez os mundos.

Eu fugiria

É possível que aqui o récem-nato esteja com medo; os novos movimentos da Grande Paixão são grandes demais para ele. Ou ainda pode significar a necessidade de estabilidade ou equilíbrio: a alma sente-se arrastada para a imensidão e é trazida de volta pelo poder maior do Mestre - aquilo nele que por si só é estável. Estes dois poderes são, pois, o centrífugo e o centrípeto.

Eu seria paramentado

O termo grego original sugere a idéia de ser corretamente "ordenado" (*kosmein*). Poderia também significar "vestido com roupas adequadas", isto é, a alma roga para que este pequeno cosmo que antes estava fora de ordem, possa tornar-se semelhante [e tal qual] à Grande Ordem, e assim lhe seja possível vestir-se de "glórias" ou com "vestes de glória" ou "poder", como para as Grandes Glórias das Esferas Celestiais.

Eu seria unificado

Aproximamo-nos agora do Mistério da união, quando a alma abandona alegremente a sua separatividade e livra-se das limitações de suas "possessões" - daquilo que é "meu" como se fosse separado do resto.

E assim temos a tríplice declaração quanto à perda da "morada", do "lugar" e do "templo" (o verdadeiro "santuário" da alma) e a segurança de ganhar todas as "moradas", "lugares" e "templos". E, ilustrando esta sublime idéia, podemos citar novamente o "Apocalipse sem Título" do *Bruce Codex* (*F.F.F.*, p. 554):

> "Santo, Santo, Santo é Ele, o... [aqui vêm as sete vogais a cada três tempos repetidas]".

Isto quer dizer:

"Tu és o Um Vivente entre os viventes.

"Tu és o Um Sagrado entre os sagrados.

"Tu és o Ser entre os seres.

"Tu és o Pai entre os pais.

"Tu és Deus entre os deuses.

"Tu és o Senhor entre os senhores.

"Tu és o Espaço entre os espaços."

Assim também rogam a Ele:

"Tu és a Casa;

"E Tu és o Morador da Casa."

E novamente rogam ao Filho oculto Nele:

"Tu és; Tu és o Gerado-por-Si-Mesmo[20]- Luz, Vida e Graça.

"O Filho do Homem não tinha onde deitar sua cabeça", pois, na verdade, todos os "lugares" são Seus.

Seguem-se então palavras de conforto de que o Cristo, o *Logos*, é a Tocha, o Espelho, a Porta e o Cami-

---

20 *Alone-begotten*, no original em inglês. (N.E.)

nho para a alma humana; a Alma Divina é todas as coisas para os amados.

Nos mundos de escuridão e de incerteza, Cristo é a Tocha, a Lâmpada que devemos seguir, pois Ele nos guia ao longo do Caminho.

Para aqueles que podem perceber a essência de Cristo em tudo, ela é o Espelho que reflete as grandes Verdades dos mundos superiores.

Só há um meio de atravessar a Muralha de Separação entre o Superior e o Inferior e este é Cristo, o Mediador. Ele é a Porta, do mesmo modo como Hermes Trismegisto chama a Mente de "Porta Interior" (*T.G.H.*, III, p. 274). E Parmênides, em seu *Truthwards*[21], refere-se ao mesmo Mistério quando descreve os Portões entre o Dia e a Noite, ou a Luz e a Escuridão.

Para aquele que bate sinceramente nesta Porta, ou seja, que volta toda a sua atenção e poder nesta direção, a Grande Muralha ou Limite não mais existirá, e ele poderá ir e vir segundo sua própria vontade, quando quiser.

---

1 Um dos fragmentos de seus "poemas". Poderia ser traduzido por "Guardiães da Verdade" ou "Em direção à Verdade". (N.E.)

Além disso, Cristo, o *Logos*, é o Caminho. Ele é a nossa Senda para Deus tanto no lado Luz das coisas como no lado Substância. Seja como uma Lâmpada - aquilo para o qual a mente pura dirige o olhar - ou como um Caminho, onde os pés pisam, em qualquer dos casos, o Cristo é aquilo que leva a Deus.

A cerimônia modifica-se de novo com as palavras:

Agora responde ao Meu dançar!

Neste momento pode-se acreditar que tudo esteja acontecendo na Presença do Mestre. A união da substância foi atingida, mas não ainda a união da consciência. Antes que o Mistério final possa ser consumado, o conhecimento da Paixão do Homem, isto é, da Grande Paixão ou experiência perpétua do Grande Ato, deve ser realizado.

A alma deve contemplar o Mistério como o faz com sua própria paixão. A alma aperfeiçoada pode contemplar o Mistério em paz. Até agora, contudo, a alma do aspirante não se aperfeiçoou em *Gnosis*, mas somente na substância, de tal forma que pode sentir em si a Grande Paixão e ainda assim apartada de si.

Em conseqüência disto, no Rito inferior, o Mistério-drama, a Paixão do Homem, deve ter sido apresentada. O que pode ela ter sido não é fácil de conjecturar. Entretanto, deve ter sido algo da mais aflitiva natureza, pois o neófito fica completamente comovido ou abalado, isto é, desalentado. Não tinha a força da perfeita fé no Poder do Mestre; pois, presumivelmente, viu exatamente aquele Mestre desmembrado perante seus olhos, ou tornando-se múltiplo a partir de um, ou de certa forma, fadado para morrer.

Após o drama da Paixão, ou a visão da Paixão, vem a instrução; porque em tais Ritos - tais paixões ou experiências em prol do conhecimento - deve-se sentir realmente a experiência antes que a *Gnosis* possa acontecer.

Este conhecimento é dado pelo Próprio Mestre, o *Logos* no homem: Onde se torna necessário que o amante primeiro observe o sofrimento do Amado.

E então seguem-se as confortadoras palavras:

Eu sou um leito; repousa em Mim

Para o Cristo Sofredor é apenas a expressão, na manifestação no tempo e no espaço, do Eterno Cristo Triunfante, o *Aeon*. É aqui que aquele Mistério do Docetismo, ao qual a Vedanta chama *Maya,* recebe uma significação filosófica. Muitos identificam este Mistério como *Logos;* mas aqui farei apenas uma citação do sermão trismegístico chamado "The Inner Door" (*T.G.H.*, III, p. 275):

> E sendo tão racional e ordenada a sua vida, ele deverá observar que o Filho de Deus, transformando tudo em almas santas, poderá arrastá-la (a alma) para fora da região do Destino, para o Incorpóreo.
>
> Por ter poder em tudo, Ele se torna todas as coisas, no que quer que Ele deseje. E, em obediência ao sinal do Pai, Ele penetra através de todo o corpo e, vertendo a Sua Luz na mente de cada alma, Ele começa a conduzi-las de volta à Região Abençoada, onde estavam antes que se tornassem corpóreas - seguindo após Ele, e sendo conduzidas por Ele, para a Luz.

Quem Eu sou saberás quando Eu partir

Esta e as duas sentenças seguintes parecem sugerir algo parecido com a idéia de que existia uma visão verdadeira de um Mistério interno acompanhando o drama externo - isto é, se nos aventurarmos a acreditar nisso.

A natureza substancial da Presença, o Corpo, por assim dizer, da atmosfera que poderia ter sido vista - com alguma sugestão de uma idéia de forma humana como o seu "pilar" ou "suporte" e, ao mesmo tempo, de uma esfera ou conjunto que se mantém firmemente - isto, diz o Mestre, não é o meu verdadeiro *Self.* Eu não sou esse Espelho do Mundo, Eu não sou esse Verbo ou Símbolo vivo que contém o mundo inteiro, e que também o cunha com sentido e idéia. O que é a natureza do verdadeiro Cristo tu saberás quando vieres ou quando n'Ele te tornares.

Se tivesses sabido como sofrer...

As frases que assim começam são talvez as mais repletas de sentido no conjunto deste maravilhoso Ritual.

Parece, num certo sentido - porque há infinito número de sentidos -, que significam: Se a substância do seu corpo tivesse realmente sabido como dançar, e assim se tornado capaz de responder com exatidão à Minha Paixão (isto é, à manifestação na atividade da vida real e da consciência), então terias tido o poder de manter a estabilidade em relação ao Centro Místico, e não terias sido sugado de volta ao teu corpo de sofrimento ou desarmonia; não terias sido empurrado de volta para o lado dramático das coisas e sido submerso pelo drama.

Aquilo que tu não sabes, Eu próprio te ensinarei

Aquilo que a alma sem ajuda não pode saber, o Mestre ensinará. Isto quer dizer, presumivelmente: este Poder ou Presença é um elo entre o seu próprio "corpo" ou atmosfera e as realidades dos Grandes Fatos.

Tão logo a esfera "corpo" (o invólucro psíquico de um homem normal é todo como uma elipse, de forma ovóide, imperfeita) seja capaz de dançar, o Poder do Mestre acrescentar-lhe-á sentido. Isto o pequeno *self* não consegue. O Poder não é ligado a pequenas coisas. Isto vem dos grandes mundos como um resultado natural da perfeita dança das substâncias de todos os "corpos" humanos.

Eu sou teu Deus, não o do Traidor

Estas palavras, tomadas em conexão com aquelas introdutórias ao nosso Hino, provavelmente sugerirão, à maioria dos leitores, a idéia de Judas. Mas os Gnósticos se moviam em círculos de idéias mais amplos.

O traidor é antes a Serpente sem lei, Kakodaimon, aquela que agarra as almas nos corpos da morte - um Mistério sobre o qual não se toca em nosso Ritual.

Eu permaneceria em sintonia com almas santas

Esta sentença parece-me estar mal colocada. Um de seus sentidos parece ser o de que enquanto a alma observa a Dança, roga para ser posta em harmonia com "Almas Santas", isto é, ter a sua consciência e forma levadas a uma tão perfeita relação que se torne una. A pequena alma tornar-se-ia então uma Grande Alma [*Mahātma*] ou Mestre, uma Alma Perfeita ou Equilibrada.

As sentenças finais são evidentemente retiradas de duas diferentes tradições do texto original. Constituem duas finalizações separadas copiadas uma após a outra. É dessa forma que se conjectura houvessem diversas variantes deste Ritual e, por isso, que ele era largamente conhecido e usado nos círculos gnósticos.

No início, entretanto, deve ter sido muito bem guardado em segredo, pois mais tarde, no texto de nosso fragmento[22], lemos a injunção do Mestre para João:

> Esta Paixão que mostrei a ti e aos demais na Dança,
> Eu quero que seja chamada um Mistério.

Pode isto significar que, na forma original, foi João, o próprio Bem amado, o candidato?

Deve ter sido assim; mas mesmo que assim tenha sido, "João" não deveria ser compreendido como um

22 "Atos de João". (N.E.)

gnóstico por ser o nome de uma singular personagem histórica. Tinha havido, havia e haveria muitos Joãos.

Dos Doze, Três; e dos Três, Um.

Porque assim como nós achamos que havia três - Pedro, James (Tiago) e João - que mais junto estavam ao Senhor em Seus Grandes Momentos, assim também encontramos, na tradição Joanina, que desses três, João foi o mais próximo a Ele em Seus Grandes Atos.

Além disso, como na tradição trismegística onde verificamos que dos Três - Ammon, Asclepius e Tat - é Tat o mais espiritual dos discípulos, aquele que sucede a seu "Pai" - Hermes Trismegistos - quando Ele é levado aos Deuses, também assim encontramos na tradição Joanina que é João que sucede a Jesus quando Ele ascende ao Pai de todos os "Pais".

"Pai" era o nome técnico do Mestre, ou Iniciador, e o Cabeça da comunidade.

Assim, em um codex[23] do "Quarto Evangelho" preservado nos arquivos dos Templários de São João de

---

23 Thilo, *Codex Apocryphal* (N.T.), p.880.

Jerusalém, em Paris - que é, com toda a probabilidade, um documento que pertenceu àqueles que tiveram contato com a tradição Joanina no Oriente - encontramos as seguintes adições que estão ausentes do "Textus Receptus".

Em *João*, XVII, 26:

> Amém, digo para ti, Eu não sou deste mundo; mas João será o vosso Pai, até que venha a ter Comigo no Paraíso. E os untou com o Espírito Santo.

E *João*, XIX, 26-30:

> Ele disse a Sua Mãe: Não chora; Eu vou para meu Pai e para a Vida Eterna. Observa Teu Filho. Ele conservará o Meu lugar.
>
> Então Ele disse ao Discípulo: Observa tua Mãe! Então, inclinando Sua Cabeça, ele exalou o Seu Espírito.

Mas se foi determinado pela vontade que aquilo que "Eu te mostrei... na Dança" fosse "chamado um Mistério", deveria igualmente querer-se que isto fosse conservado um Mistério.

Ofereço, portanto, as minhas conjecturas no altar do Tribunal Externo, embora eu dificilmente me aventuraria a pensar que elas poderiam ser vistas como razoáveis oferendas à Grande Presença por muitos dos Muitos que ali servem.

Aventuro-me, contudo, a esperar que tenha pelo menos estabelecido uma forte suposição de que o *Hino de Jesus* não é um hino, mas um verdadeiro Ritual-Mistério muito antigo, talvez o mais antigo Ritual cristão dentre todos que tenhamos preservado.

BIBLIOGRAFIA

LIPSIUS, R.A., *Die Apocryphen Apostelgeschichten* (Braunschweig, 1883).

CORSSEN, P., *Monarchianische Prologe zu den Vier Evangelien, T.u.A., XV. I.* (Leipzig, 1896).

JAMES, M.R., *Apocrypha Anecdota, T. and S., v. I.* (Cambridge, 1897).

BONNET, M., *Acta Apostolorum Apocrypha* (Leipzig, 1898).

HENNECKE, E., *Neutestamentliche Apokryphen* (Tübingen, 1904).

MEAD, G.R.S., *Fragments of a Faith Forgotten, 2ª. ed.* (London, 1906).

MEAD, G.R.S., *Thrice Greatest Hermes* (London, 1906).

Leia Também da Editora Teosófica S/C.

PENSAMENTOS
para aspirantes ao caminho espiritual
N. Sri Ram

Este livro é uma compilação de pensamentos inspiradores, excertos escolhidos de diversos escritos do autor, divididos em temas tais como Auto-realização, Verdade, Sabedoria, Liberdade, Paz, Fraternidade, Felicidade, Beleza, Amor, entre outros. Sua linguagem humana, simples e profunda tornam esse livro acessível e recomendável a todos.

O DESPERTAR DE UMA NOVA CONSCIÊNCIA
Idéias centrais de "A Doutrina Secreta"
Joy Mills

A presente obra consiste em um estudo sério da obra de Madame Blavatsky que evidencia a relevância de *A Doutrina Secreta* no processo de despertar em nós um novo modo de pensamento, que tem como premissa principal a unidade fundamental de toda a existência.

A DOUTRINA DO CORAÇÃO
Annie Besant

No texto *A Doutrina do Coração*, que é parte inicial desta edição, A Besant publicou uma série de extratos de cartas que ela recebeu de correspondentes hindus, místicos e yogues, onde são abordadas questões vivenciais da senda espiritual. Há ênfase nas diferentes etapas e dificuldades do processo do despertar interior. Nesta obra foram anexados dois pequenos e valiosos textos da mesma autora: *A Vida Teosófica*, que realça aspectos do viver diário, da reencarnação e do *karma*, e *Revelação, Inspiração e Observação.*